INTUIZIONE (AUTOCOSCIENZA)

Di

Vania Morrison

Contenuti

Capitolo 1 5

Autocoscienza 5

1. Cos'è l'auto-miglioramento? 6

Cos'è l'auto-miglioramento/consapevolezza? 7

Significato della consapevolezza di sé 10

Istruzioni passo passo per sviluppare ulteriormente le tue capacità di autoconsapevolezza 14

Cos'è l'auto-miglioramento? 21

Cos'è la consapevolezza di sé? . 26

Perché lavorare sull'auto-miglioramento? 28

Auto-miglioramento per uno sviluppo competente 31
capitolo 2 36
Capacità relazionali 36
Il significato delle capacità relazionali 42
Promuovere le tue capacità relazionali 48
capitolo 3 70
Impostazione degli obiettivi individuali 70
Il metodo più efficace per definire un obiettivo 71
Perché obiettivi definiti?............ 73
Passaggio 2: impostazione di obiettivi più piccoli....................... 81
Rimanere in rotta.......................... 83
Obiettivi INTELLIGENTI............. 84
Ulteriori suggerimenti per impostare i tuoi obiettivi 85
Raggiungimento degli obiettivi 89
capitolo 4 100

Collaborazione e Amministrazione 100
Cooperazione 101
Amministrazione 111
Capitolo 5 129
Ciclo di vita del progetto 129
Ciclo di vita del progetto: 144

Capitolo 1
Autocoscienza

Probabilmente hai saputo di Bachendri Buddy, la prima donna indiana a scalare l'Everest nel 1984. In effetti, anche dopo questo incredibile risultato, Buddy ha continuato a guidare gli sforzi nelle catene montuose. Ha svolto attività di assistenza e protezione per le vittime delle inondazioni nell'India orientale nel 2013. Ha anche scritto un libro intitolato Everest: My Excursion To The Top.

Se diamo un'occhiata alla vita di Buddy, ha mantenuto viva la sua energia per tutta la vita. Inoltre, numerose persone fruttuose continuano a imparare e sfidare se stesse. Non si fermano dopo un risultato. Questa costante escursione nell'investigare nuovi orizzonti è nota come autoconsapevolezza.

1. Cos'èAuto-miglioramento?
2. Significato della consapevolezza di sé
3. Cos'è l'auto-avanzamento?
4. Cos'è la consapevolezza di sé?

5. Perché lavorare sulla consapevolezza di sé?

6. Avanzamento personaleper lo sviluppo competente

Cos'è l'auto-miglioramento/consapevolezza?

L'auto-miglioramento è un ciclo di lunga durata che ti aiuta a esaminare i tuoi obiettivi di vita e migliorare le tue capacità per essere all'altezza delle tue vere capacità. Ti permette di essere proattivo e di assumerti la responsabilità delle tue attività. Potresti non arrivare necessariamente al tuo obiettivo, ma conduci una vita davvero soddisfacente alla luce del fatto che la tua motivazione è caratterizzata. La consapevolezza di sé si aggiunge sia alla realizzazione che al risultato nella vita di tutti i giorni.

Puoi ridurre il tuo miglioramento personale abbracciando specifiche capacità di crescita personale. Questi sono attributi e caratteristiche che fin d'ora hai o acquisisci attraverso la scuola e la preparazione. Alcune normali capacità di auto-miglioramento sono:

- La grande corrispondenza te lo permettePer trasmettere le tue contemplazioni con chiarezza e certezza

- Abilità relazionali che ti aiutanoCon la costruzione di connessioni e stabilire una connessione con gli altri in circostanze amichevoli

- Capacità di pensiero critico che ti potenzianoPer trovare i migliori arrangiamenti quando incontri ostacoli

- Capacità di flessibilità che ti consentono di adeguarti rapidamente alle nuove coseEd efficacemente oltre a rimanere mentalmente raccolti durante circostanze impreviste

- Abilità di autorità che aiutanoTu Con la regia Altri; Solleva lo spirito di tutti e fabbrica la certezza

Significato della consapevolezza di sé

C'è una tipica confusione sul fatto che l'autoconsapevolezza sia riservata alle persone che hanno bisogno di lavorare di più per raggiungere i propri obiettivi. In realtà, anche le persone migliori cercano continuamente di progredire. Il tuo cervello ha bisogno di nuovi dati per poter continuare a prosperare. L'apprendimento è un ciclo costante e non si ferma a meno che tu non ne abbia voglia. L'auto-miglioramento potrebbe essere noioso, tuttavia ci sono molti vantaggi in questo ciclo.

1. Fornisce chiarezza alla visione individuale

L'auto-miglioramento ti aiuta a caratterizzare la tua visione e i tuoi obiettivi di vita in modo ancora più evidente. Nel momento in cui stabilisci i punti focali per te stesso, diventa più semplice fare un accordo e lavorare verso quegli obiettivi.

2. Migliora le abilità esistenti

L'apprendimento e la consapevolezza di sé sono i segni del miglioramento personale. Guadagni dai tuoi precedenti errori e sconfiggi le difficoltà attraverso l'istruzione, la preparazione e la direzione.

3. Aiuta a distinguere il potenziale genuino

Più lavori sulle tue capacità e capacità, più scopri il tuo potenziale segreto. Capisci come superare i tuoi limiti e indagare su cose nuove poiché sai come utilizzare al meglio le tue intuizioni.

4. Stimola l'ispirazionee Adempimento

L'auto-miglioramento è coinvolgente in quanto ti consente di assumere il comando sulle cose. Dal momento che c'è un miglioramento costante, ti senti più sicuro e spinto. I tuoi incrementi di efficienza e la tua mostra ti danno soddisfazione.

5. Aiuta l'accensione dei riflettorill piano generale

Nel momento in cui riconosci le tue inadeguatezze, ti consideri responsabile dei tuoi errori. Questo grado di consapevolezza ti aiuta a dare un'occhiata al piano generale e a non picchiarti su cose che sono immutabili per quanto ti riguarda.

Istruzioni passo passo per sviluppare ulteriormente le tue capacità di autoconsapevolezza

Puoi potenziare le tue capacità di autoconsapevolezza prendendo lezioni, guadagnando da persone intorno a te, acquisendo nuovi doni e perfezionando quelli esistenti. Osserva queste regole per promuovere te stesso:

1. Sconfiggi i tuoi sentimenti di paura

Il terrore può impedirti di svilupparti e avanzare. Nel caso in cui temi di parlare in pubblico, segui un corso o unisciti a un incontro che aiuta le persone a diventare migliori oratori aperti. Nella remota possibilità che tu abbia paura di affrontare le sfide, trova un allenatore che possa aiutarti a usare un buon giudizio e fabbricare la tua certezza. Sviluppa e avanza tentando cose che probabilmente non farai felice. Nel caso in cui sei timido, prova a iniziare una discussione o a conoscere nuove persone in una riunione o in uno studio.

2. Sfoglia

La lettura può far crescere la tua conoscenza e il tuo gergo e tenerti informato. Allo stesso modo può rinvigorire il tuo cervello e può sviluppare ulteriormente le tue capacità di ragionamento decisivo. Prova a leggere qualcosa come un articolo istruttivo o di ispirazione al giorno o un libro al mese.

3. Scopri alcune nuove informazioni

Sia che tu lo faccia senza l'aiuto di qualcun altro o che segua un corso, acquisisci familiarità con un'altra competenza o materia.

Puoi, ad esempio, seguire corsi per acquisire competenza con un altro dialetto, un altro programma di prodotto o come comporre in modo innovativo. Prendi in considerazione la possibilità di guardare un corso online su argomenti di miglioramento professionale, ad esempio, iniziative imprenditoriali o promozione di intrattenimento basata sul web.

4. Richiedi input

Avvicinati a un parente, compagno, partner o supervisore e chiedigli di darti un contributo su una nuova impresa o risultato. Utilizza le loro osservazioni positive e la loro analisi produttiva per rintracciare i modi per passare al livello successivo. Di tanto in tanto vuoi una valutazione esterna e imparziale per ottenere un punto di vista alternativo.

5. Nota gli altri

Presta attenzione alle persone che ti eccitano. Questo potrebbe essere qualcuno che conosci, come un capo, un parente o un individuo di rilievo. Riconosci le caratteristiche che rispetti e cerca di ripeterle in te stesso.

6. Rete

Associandoti con molte persone, puoi apprendere pensieri rivoluzionari e comprendere come impartire e funzionare con vari tipi di carattere. Allo stesso modo puoi incontrare persone e promuovere connessioni che potrebbero esserti utili in seguito. Fai rete attraverso le associazioni di settore e le feste condivise, oppure partecipa a raduni e occasioni su argomenti che ti interessano.

7. Tieni un diario

Scrivere in un diario in modo coerente o settimanale può aiutarti ad acquisire consapevolezza e meditare su occasioni, scelte e discussioni tardive. Potresti tenere un diario riservato scritto manualmente o decidere di condividere le tue contemplazioni e i tuoi incontri pubblicando contenuti su un blog. Usalo per definire e valutare obiettivi e progressi.

8. Rifletti

Molti riflettono per acquisire lucidità e consapevolezza e diminuire pressione e nervosismo. La contemplazione può aiutarti a concentrarti sul tuo miglioramento personale e sui tuoi obiettivi in modo sano, positivo e tranquillo. In ogni caso, prenotare una pausa dal lavoro o una tranquilla opportunità per te stesso può aiutarti a rilassarti e concentrarti.

9. Prendi un allenatore

Parla con un tutor nel caso in cui desideri davvero assistenza per distinguere i modi per sviluppare le tue capacità di miglioramento personale. Questo individuo potrebbe essere un supervisore, un insegnante, qualcuno che rispetti o una guida esperta di autoconsapevolezza.

Cos'è l'auto-miglioramento?

"Auto-miglioramento" è spesso utilizzato al contrario di "auto-avanzamento", ma sono due modi distinti di affrontare la vita. Il precedente mette in luce la crescita di nuove capacità e l'aggiunta di un altro aspetto alla vita. L'ultima opzione è incentrata sui modi di sviluppare ulteriormente le cose che sono ormai parte della propria vita. I due cicli gestiscono l'auto-miglioramento e si completano a vicenda, ma non devono essere confusi l'uno con l'altro.

L'auto-miglioramento è un corso consapevole di lavorare su se stessi in diverse parti della vita. È una costante ricerca di sviluppo attraverso la creazione di abilità, capacità e informazioni. Un obiettivo definitivo per l'auto-miglioramento è essere un individuo soddisfatto di sé. L'interazione comprende tre parti fondamentali:

- **Miglioramento delle competenze:**

Esistono due cicli di miglioramento delle competenze, fattibilità individuale e relazionale. Le capacità relazionali sono incentrate sul modo in cui collabori con gli altri e promuovi le connessioni. Le capacità di fattibilità individuale come la definizione degli obiettivi, l'utilizzo del tempo in modo produttivo e la direzione indipendente e lo stress dei dirigenti ti avvantaggiano a poco a poco.

- **Modellazione mentale:**

Il metodo coinvolto nella costruzione e nel rafforzamento del nostro cervello è noto come modellamento mentale. Siamo pronti a concentrarci sui nostri obiettivi immaginando ciò che dobbiamo realizzare. Ciò mantiene una concentrazione positiva, lavorando sull'autoritratto mentale e sul coraggio. Alcuni metodi di modellamento psicologico come la contemplazione, le attività di respirazione e gli esercizi di rilassamento si sono dimostrati preziosi nel sostenere la fissazione e nel migliorare l'esecuzione.

- **Propensione alla creazione:**

Una propensione allude spesso a comportamenti di routine o inclinazioni programmate e senza scopo. È difficile porre fine alle inclinazioni, ma è certamente fattibile. Per migliorare ulteriormente la nostra vita, possiamo anche sviluppare nuove inclinazioni e ottenere cambiamenti positivi.

Cos'è la consapevolezza di sé?

L'individuo o l'auto-sviluppo è l'effetto collaterale sia dell'individuo che dell'auto-miglioramento. Un corso di trasformazione nell'individuo ti ha spinto a perseguire lo sviluppo personale in ogni caso. In parole povere, l'autoconsapevolezza è un passo rivoluzionario verso il lavoro sul tuo stato fisico, vicino a casa, accademico, sociale, profondo e monetario durante la vita di tutti i giorni.

In alcuni casi, non fa alcuna differenza quali siano le tue capacità e la gamma di abilità.

Il tuo comportamento verso la spinta e l'uscita dalla tua solita gamma di familiarità ha un effetto significativo. Ecco alcune domande che puoi porre a te stesso prima di iniziare a investire risorse nello sviluppo personale:

- Per cosa apprezzo ora?
- Cos'è che credo dovrebbeRealizzare tutta la vita di tutti i giorni?
- Quali sono le cose per cui sono ansioso?
- Come potrei superare i miei sentimenti di terrore?
- Qual è quella cosa senza la quale non posso sopravvivere?

Perché lavorare sull'auto-miglioramento?

Nel momento in cui lavori sullo sviluppo individuale, puoi affrontare efficacemente e stare lontano dai contrattempi. Ecco alcuni vantaggi apprezzati dalle persone che cercano efficacemente lo sviluppo personale:

1. Le associazioni con i tuoi compagni, familiari, colleghi e persino te stesso sono le basi della vita. Grande socialeE le capacità di amministrazione dei sistemi ti aiuteranno a creare connessioni migliori. Ad esempio, supponendo che tu affronti scontri nell'ambiente

di lavoro, li affronti invece di tenerti alla larga da loro.

2. Capisci come gestire i tuoi sentimenti, contemplazionie modi di comportarsi, rafforzando di conseguenza la discrezione. Inizi a separare realtà e sentimenti. Costruisci nuove propensioni e non vieni trascinato rapidamente fuori strada dalle seduzioni e dalle forze motrici.

3. La vita ci lancia palle curve quando meno le anticipiamo. Sforzi affidabili verso la cura e la verifica dei problemi ti rendono più forte. Sei prontoPer superare i tuoi errori e controllare in modo

imparziale ogni problema. C'è una migliore consapevolezza e la capacità di apprezzare chiunque nel profondo.

4. Attività come la riflessione e lo yoga possono creare serenità genuina. Nel momento in cui hai una comprensione superiore di te stesso, c'è chiarezza sui tuoi desideri più profondi. La cura delle prove ti consente di sviluppare ulteriormente resistenza, fissazione e adattabilità.

5. Connessioni sane, migliore equilibrio e relativi aggiornamenti nel benessereStabilire condizioni adeguate per il progresso.

Capisci come disporre i risultati e caratterizzare la realizzazione per te stesso. Tutto sommato, il risultato è stimato rintracciando l'importanza nel tuo lavoro e nella tua vita.

Auto-miglioramento per uno sviluppo competente

Puoi proporre obiettivi di auto-miglioramento per spingere la tua vocazione. Ecco alcuni modi diversi che ti permetteranno di adattare i tuoi obiettivi e obiettivi di lavoro.

1. Comunicare spesso

La corrispondenza è vitale per sciogliere le cose e creare una compatibilità con i partner. Mostra ai tuoi colleghi che sei disponibile alla discussione e alle contese solide. Ascolta con attenzione e differisci con deferenza, in qualsiasi momento qualcuno metta in discussione le tue attuali convinzioni e sentimenti.

2. Operain gruppi

Sii proattivo per quanto riguarda la cooperazione e lo sforzo congiunto con diversi uffici. Punti di vista alternativi danno un approccio a nuove opportunità di crescita. Inoltre, sei invitato a essere più utile quando condividi ed esamini i normali obiettivi e orari.

3. Essere apertoimmettere

Ottenere critiche sincere e utili è uno dei modi più sorprendenti per riempire la tua professione. Che tu sia un capogruppo o un collega, assicurati di dare e ricevere critiche dai tuoi amici. Otterrai chiarezza sulla tua presentazione e sui tuoi progressi.

4. Partecipa alle riunioni didattiche

Supponendo che ritieni che la tua presentazione sia influenzata dalla luce dei buchi nelle tue capacità, sii disponibile a preparare programmi. Puoi costantemente migliorare le tue abilità per trovare le richieste commerciali che sorgono. Inoltre, il tuo capo vedrà il valore degli ulteriori sforzi che fai per raggiungere obiettivi autorevoli.

È fondamentale avere un orientamento per tutta la vita di tutti i giorni, tranne che seguire il percorso corretto è molto più significativo. Il corso Structure Presence di Harappa Instruction ti aiuterà a trovare la giusta armonia tra autoconsapevolezza e sviluppo esperto. Scoprirai come comunicare i tuoi pensieri e desideri futuri senza esitazione. La struttura delle abilità TEA (fiducia, credibilità e capacità di apprezzare le persone a un livello più profondo) ti mostrerà come afferrare gli altri e trasmettere davvero. Ora è il momento giusto per prestare attenzione alle tue sensazioni istintive e incuriosire tutti con le tue certezze!

capitolo 2
Capacità relazionali

Le capacità relazionali sono le capacità che utilizziamo ogni giorno quando comunichiamo e collaboriamo con gli altri, sia separatamente che in gruppo. Incorporano un gran numero di abilità, ma soprattutto capacità relazionali come sintonizzarsi e parlare in modo fattibile. Incorporano inoltre la capacità di gestire e affrontare i tuoi sentimenti.

Non è un abbellimento dire che le capacità relazionali sono la base per il progresso nella vita di tutti i giorni. Gli individui con solide capacità relazionali avranno molto spesso la possibilità di funzionare egregiamente con gli altri, ricordando per gruppi o riunioni, ufficialmente e casualmente. Discutono davvero con gli altri, siano essi familiari, compagni, partner, clienti o clienti. Hanno inoltre connessioni migliori a casa e al lavoro.

Puoi lavorare sulle tue capacità relazionali promuovendo la tua consapevolezza di come ti interfaccia con gli altri e provando le tue capacità.

Cosa sono le capacità relazionali?

Le capacità relazionali sono talvolta indicate come abilità interattive, abilità di costruzione di relazioni, abilità delicate o abilità fondamentali.

Tuttavia, questi termini possono essere utilizzati sia in modo più limitato che più esteso di "capacità relazionali". In questo sito caratterizziamo le abilità relazionali come:

"Le abilità che vuoi veramente e usi per impartire e associarti con gli altri."

Questa definizione implica che le capacità relazionali ricomprendono quindi:

• Abilità relazionali, che copre quindi:

- **Corrispondenza verbale –**

Cosa diciamo e come lo diciamo;

O Non verbale Corrispondenza –

Ciò che trasmettiamo senza parole, ad esempio attraverso la comunicazione non verbale o il modo di parlare; e

- **Capacità di ascolto –**

Come decifriamo i messaggi verbali e non verbali inviati dagli altri.

- **La capacità di apprezzare gli individui a un livello profondo–**

Avere la possibilità di comprendere e affrontare i propri sentimenti e quelli degli altri.

- **Lavoro di gruppo–**

Avere la possibilità di lavorare con altri in riunioni e gruppi, sia formali che informali.

- **Capacità di discussione, influenza e impatto–**

Lavorare con gli altri per vedere come un risultato piacevole insieme (beneficio condiviso). Questo potrebbe essere visto come un sottoinsieme della corrispondenza, tuttavia è spesso trattato in modo indipendente.

- **Compromesso e intervento**

Lavorare con gli altri per determinare in modo positivo scontri e conflitti relazionali, che ancora una volta potrebbero essere visti come un sottoinsieme della corrispondenza?

- **Pensiero critico e direzione indipendente-**

Lavorare con gli altri per riconoscere, caratterizzare e prendersi cura dei problemi, che includono l'arrivare a conclusioni sulla migliore strategia.

Il significato delle capacità relazionali

Le capacità relazionali sono importanti poiché nessuno di noi vive in una sacca d'aria.

Nel corso della nostra vita, abbiamo bisogno di parlare e interfacciarci con gli altri ogni giorno, forse non ogni ora, ea volte più regolarmente. Grandi capacità relazionali 'oliano gli ingranaggi' di queste collaborazioni, rendendole più fluide e piacevoli per ognuno di quelli inclusi. Ci consentono di creare connessioni migliori e più durature, sia a casa che al lavoro.

Abilità relazionali a casa

Grandi capacità relazionali ti aiutano a comunicare ancora di più con i tuoi cari.

Questo probabilmente sarà particolarmente significativo con il tuo complice. Ad esempio, avere la possibilità di dare e ricevere input direttamente dal tuo complice può aiutarti a risolvere piccoli problemi tra di voi prima che diventino problemi enormi.

C'è di più su questo, e su diverse parti dell'utilizzo delle capacità relazionali a casa, nelle nostre pagine sulle capacità di connessione privata e sincera e sulle capacità di cura.

Abilità relazionali al lavoro

Non ti piace considerarlo in questi termini, ma molto probabilmente investi più energia con i tuoi soci che con il tuo complice.

Al lavoro, ci si aspetta che tu parli e collabori con un gran numero di persone, da fornitori e clienti fino ai tuoi partner vicini, partner più all'estero, il tuo gruppo e il tuo capo. La tua capacità di farlo può davvero avere l'effetto tra una vita lavorativa fruttuosa e una spesa a considerare ciò che è andato male.

Ci sono, ovviamente, alcune posizioni in cui le capacità relazionali sono particolarmente significative.

I lavori di confronto con i clienti, come gli affari e le relazioni con i clienti dei dirigenti, determineranno probabilmente grandi capacità relazionali come essenziali. Ciononostante, ci sono varie altre posizioni e vocazioni più sottili in cui le capacità relazionali sono altrettanto imperativamente significative. Questi includono:

- Accordo di assistenza medica, inclusospecialisti, assistenti e altri esperti di servizi medici. Avere la possibilità di prestare attenzione e dialogare con i pazienti e le loro famiglie è una competenza fondamentale, così come avere la possibilità di dare notizie terribili in modo delicato. Sottovalutiamo quasi queste abilità negli esperti di servizi medici, ma ci rendiamo anche conto di come la decimazione della circostanza possa essere il punto in cui questi esperti hanno capacità sfortunate e trascurano di comunicare effettivamente.

- Esortazione monetaria e affari. Guide monetarie egli intermediari dovrebbero avere la possibilità di ascoltare con cautela i loro clienti e capire sia di cosa stanno parlando, sia di cosa non stanno articolando. Questo li autorizza a dare suggerimenti che corrispondono alle necessità dei loro clienti. Scarse capacità relazionali implicano che troveranno più difficile creare ottime connessioni con i clienti e comprendere le esigenze dei clienti.

- Programmazione e avanzamento su PC. Questa regione è in molti casi considerata un'area definitiva per 'nerd', con il sospetto che le capacità relazionali non siano fondamentali.Comunque sia, gli ingegneri specializzati hanno progressivamente bisogno di grandi capacità relazionali per cogliere i propri clienti e avere la possibilità di "decifrare" tra specializzato e praticabile.

Promuovere le tue capacità relazionali

Grandi capacità relazionali sono la base per buone relazioni lavorative e sociali, e inoltre per la creazione di numerose diverse aree di competenza.

Vale la pena in questo senso investire energie per coltivare grandi capacità relazionali.

1. Distinguere le regioni per lo sviluppo

La mossa più importante per migliorare è favorire la tua visione di te stesso e dei tuoi difetti.

Potresti fin d'ora avere un'idea intelligente delle regioni che desideri creare. Comunque sia, merita cercare le critiche degli altri, poiché non è difficile creare "lati vulnerabili" su te stesso. Potresti anche trovare utile fare la nostra autovalutazione delle abilità relazionali.

2. Centrati sulle tue capacità relazionali fondamentali

La corrispondenza è innegabilmente più delle parole che escono dalla tua bocca.

Alcuni cercherebbero di avventurarsi a tal punto da suggerire che c'è una motivazione dietro il motivo per cui hai due orecchie e una bocca, e che dovresti in questo modo ascoltare due volte per quanto parli!

L'ascolto non è certamente equivalente all'udito. Forse forse la cosa principale che puoi realizzare per qualsiasi altra persona è trovare l'opportunità di ascoltare con cautela ciò di cui stanno parlando, tenendo conto sia della loro corrispondenza verbale che non verbale. Utilizzando strategie come l'indirizzamento e le esibizioni di riflessione su cui ti stai sintonizzando e incuriosito.

Nel momento in cui parli, conosci le parole che usi. Potresti ad un certo punto essere giudicato male o confondere il problema?

Pratica la lucidità e scopri come cercare input o spiegazioni per garantire che il tuo messaggio sia stato percepito. Utilizzando le domande in realtà, puoi sia guardare davvero alla comprensione degli altri, sia anche avanzare di più da loro.

Potresti credere che la scelta delle tue parole sia l'elemento principale per trasmettere un'idea, tuttavia la corrispondenza non verbale ha davvero un impatto molto maggiore di quanto molti di noi sappiano. Alcuni specialisti raccomandano che circa 3/4 del "messaggio" sia trasmesso da segnali non verbali come la comunicazione non verbale, il modo di parlare e la velocità con cui parli.

Questi segni non verbali supportano o vanno contro il messaggio delle nostre parole e sono molto più difficili da contraffare rispetto alle parole. Successivamente sono un segno notevolmente più solido. Capire come esaminare la comunicazione non verbale è un pezzo di corrispondenza indispensabile.

3. Sviluppa ulteriormente le tue capacità relazionali ulteriormente sviluppate

Quando sei sicuro della tua sintonizzazione fondamentale e della corrispondenza verbale e non verbale, puoi continuare verso regioni ulteriormente sviluppate attorno alla corrispondenza, ad esempio, diventando più potente dal modo in cui parli e comprendendo il motivo per cui potresti avere problemi di corrispondenza

La corrispondenza è raramente eccezionale e può fallire per vari motivi. Vedere di più sui potenziali confini di una grande corrispondenza implica che puoi conoscere - e diminuire la probabilità di - corrispondenza relazionale incapace e idee sbagliate. I problemi con la corrispondenza possono emergere per vari motivi, ad esempio,

- Ostacoli effettivi, ad esempio, non essere in grado di vedere o ascoltare in modo appropriato l'oratore o problemi di linguaggio;

- Vicino ai confini domestici, ad esempio, non avendo alcun desiderio di ascoltare ciò che viene detto o di attingere a quel tema; e

- Presupposti e pregiudizi che influenzano ciò che gli individui vedono e sentono.

Ci sono anche condizioni in cui la corrispondenza è più fastidiosa: per esempio, quando devi avere una discussione sgradevole con qualcuno, magari sulla sua norma di lavoro. Queste discussioni potrebbero essere organizzate o improvvisate.

Ci saranno generalmente due questioni che rendono le discussioni più problematiche: sentimento e cambiamento.

- Diversi sentimenti possono ostacolare la trasmissione, inclusi indignazione e ostilità o stress. Non molti di noi possono comunicare davvero quando stiamo cercando di affrontare i nostri sentimenti, e in alcuni casi la cosa migliore che dovrebbe essere possibile è rimandare la discussione fino a quando tutti non saranno più tranquilli.

- Le discussioni problematiche riguardano in molti casi la necessità di un cambiamento. Un numero significativo di noi trova il cambiamento difficile da giustificare, in particolare nel caso in cui sia correlato a un'analisi suggerita degli approcci esistenti al lavoro.

4. Guardati dentro

Le abilità relazionali potrebbero riguardare il modo in cui ti connetti con gli altri, ma iniziano con te. Molti miglioreranno in modo decisivo se lavori sulle tue capacità.

Ad esempio, le persone sono molto più inclini ad essere attratte da te nella remota possibilità che tu possa mantenere una prospettiva ispiratrice. Allo stesso modo, una prospettiva edificante si trasforma in lavoro sull'impavidità.

Sei inoltre più contrario ad avere la possibilità di comunicare in realtà supponendo che tu sia eccezionalmente preoccupato per qualcosa. In questo modo è fondamentale capire come percepire, supervisionare e ridurre la pressione in te stesso e negli altri (e guarda il nostro segmento sullo stress infinito Il consiglio per ulteriori informazioni). Avere la possibilità di rimanere enfatici, senza diventare distaccato o energico, è anche la chiave per una corrispondenza convincente. C'è di più su questo nelle nostre pagine sulla sicurezza di sé.

Forse l'esperienza individuale complessiva più significativa è creare la capacità di comprendere le persone a un livello più profondo.

La capacità di apprezzare le persone a un livello più profondo è la capacità di cogliere i propri sentimenti e quelli degli altri e il loro impatto sulla condotta e sulle mentalità. Di conseguenza, forse è meglio pensare che sia sia individuale che relazionale nella sua tendenza, tuttavia non c'è dubbio che l'ulteriore sviluppo della tua capacità di apprezzare qualcuno a un livello più profondo aiuterà in ogni aspetto delle capacità relazionali. Daniel Goleman, autore di vari libri sulla capacità di comprendere le persone a un livello più profondo, ha distinto cinque regioni chiave, tre delle quali private e due relazionali.

- Le abilità individuali, o "come ci controlliamo", sono la consapevolezza, l'autoguida e l'ispirazione. In quanto tali, le mosse più vitali verso la comprensione e la gestionecon i sentimenti degli altri è avere la possibilità di comprendere e affrontare i nostri sentimenti, compresa la comprensione di ciò che ci ispira.

- Le abilità interattive, o "come gestiamo le associazioni

con gli altri", sono la compassione e le abilità interattive. Questi significano capirlo e provare sentimenti per gli altri, e poi avere la possibilità di comunicare effettivamente con loro.

Sviluppare ulteriormente la tua capacità di apprezzare le persone a un livello profondo, di conseguenza, sviluppa ulteriormente la tua comprensione del fatto che gli altri hanno varie prospettive. Ti aiuta a cercare di vedere le cose secondo il loro punto di vista. In tal modo, potresti imparare qualcosa mentre acquisisci il rispetto e la fiducia degli altri.

5. Usa e pratica le tue capacità relazionali in circostanze specifiche

Ci sono varie circostanze in cui vuoi utilizzare le capacità relazionali. Metterti deliberatamente in quelle posizioni e provare le tue abilità, poi, a quel punto, meditare sui risultati, ti aiuterà ad andare avanti.

Per esempio:

- **Le capacità relazionali sono fondamentali quando si lavora in assembramenti.**

Allo stesso modo, il lavoro in gruppo è una circostanza tipica, sia a casa che al lavoro, che ti offre molte possibilità di affrontare le tue capacità. Potrebbe essere molto utile vedere di più sulle vibrazioni generali e sugli approcci al lavoro, poiché questi possono influenzare il modo in cui agisci sia tu che gli altri.

- **Allo stesso modo, le capacità relazionali possono essere particolarmente utili nel caso in cui sia necessario organizzare, convincere e avere un impatto sugli altri.**

Gli scambi avvincenti, ovvero quelli in cui cerchi un risultato reciprocamente vantaggioso, al contrario di una vittoria-perdita, prepareranno alla condivisione della considerazione, della fiducia e delle relazioni relazionali durature. Semplicemente cercando una risposta che funzioni per i due giocatori, invece di cercare di avere successo qualunque cosa accada, potresti in qualsiasi momento stabilire una relazione decente che ti consenta di cooperare ancora e ancora.

Avere la possibilità di convincere e avere un impatto sugli altri - ancora una volta, per un vantaggio condiviso - è anche una struttura chiave che blocca serie aree di forza per le relazioni.

- **Risolvere e intervenire nelle situazioni di lotta può essere una vera e propria prova delle capacità relazionali.**

Di tanto in tanto la discussione e l'influenza non servono a tenersi lontani dalla lotta. Nel momento in cui ciò accade, vuoi davvero un solido compromesso e possibilmente anche capacità di intercessione. La lotta può emergere da scambi relazionali affrontati in modo inefficace e potrebbe essere affrontata essenzialmente ascoltando con cautela le due parti e dimostrando di aver agito come tale. Trovare un accordo reciprocamente vantaggioso è corrispondentemente significativo qui, poiché mostra che consideri le due parti.

Queste abilità potrebbero essere considerate abilità relazionali di alto livello. Ciononostante, supponendo che tu sia spesso chiamato a supervisionare tali circostanze, potrebbe essere utile una preparazione esperta.

- Infine, il pensiero critico e la direzione sono normalmente preferiti quando influenzano più di un individuo

Il pensiero critico e la navigazione sono abilità fondamentali fondamentali. Mentre entrambi dovrebbero essere possibili da soli, in molti casi sono migliori per l'associazione di ulteriori individui. Ciò implica che allo stesso modo spesso includono componenti relazionali, e non c'è dubbio che migliori capacità relazionali aiuteranno con entrambi.

6. Rifletti sulla tua esperienza e vai avanti

L'ultima componente per creare e sviluppare ulteriormente le tue capacità relazionali è favorire la propensione all'auto-riflessione. Ottenere un margine per contemplare discussioni e associazioni relazionali ti consentirà di guadagnare dai tuoi errori e vittorie e continuare a creare. Ad esempio, potresti trovare di supporto tenere un diario o un diario di apprendimento e scriverci ogni settimana.

capitolo 3
Impostazione degli obiettivi individuali

Volendo continuare con la tua vita a modo tuo

Molte persone si sentono come se fossero sciolte sul pianeta. Si allacciano, ma non sembrano andare da nessuna parte vantaggiosi.

Una spiegazione chiave che si sentono tali è che non hanno investito abbastanza energia contemplando ciò di cui hanno bisogno dalla vita e non si sono proposti obiettivi formali. Tutto sommato, potresti intraprendere un'escursione significativa senza un pensiero genuino del tuo obiettivo? Probabilmente no!

Il metodo più efficace per definire un obiettivo

Per prima cosa considera ciò che devi realizzare e poi concentrati su di esso. Stabilisci obiettivi astuti (espliciti, quantificabili, realizzabili, importanti e limitati nel tempo) che ti spingono e registrali per farli sentire sostanziali. Quindi, a quel punto, pianifica i mezzi che dovresti prendere per comprendere il tuo obiettivo e cancellali tutti mentre li lavori.

La definizione degli obiettivi è una forte interazione per contemplare il tuo futuro ottimale e per stimolare te stesso a trasformare la tua visione di questo futuro nel mondo reale.

Il modo più comune di definire gli obiettivi ti aiuta a scegliere dove devi andare nella vita di tutti i giorni. Sapendo inequivocabilmente cosa devi realizzare, sai dove devi pensare ai tuoi sforzi. Allo stesso modo, rileverai rapidamente le interruzioni che possono, con tale facilità, portarti fuori rotta.

Perché obiettivi definiti?

Competitori di alto livello, specialisti finanziari fruttuosi e persone di successo in tutti i campi generalmente propongono obiettivi. La definizione degli obiettivi ti dà una visione a lungo raggio e un'ispirazione transitoria. Centra il tuo approvvigionamento di informazioni e ti aiuta a organizzare il tuo tempo e le tue risorse in modo da poter capitalizzare la tua vita.

Fissando obiettivi nitidi e chiaramente caratterizzati, puoi valutare e investire pesantemente nel raggiungimento di tali obiettivi, e vedrai miglioramenti in avanti in quello che prima poteva sembrare un lavoro lungo e banale. Allo stesso modo aumenterai la tua autostima, poiché percepisci la tua capacità e abilità nel raggiungere gli obiettivi che ti sei prefissato.

Iniziare a definire obiettivi individuali

Metti avanti i tuoi obiettivi su vari livelli:

- Per prima cosa crei la tua "prospettiva più alta" di come devi gestire la tua vita (o oltre, espresso, i prossimi 10 anni) e riconosci gli enormi obiettivi di portata che devi raggiungere.

- Quindi, li separi nei punti focali sempre più piccoli su cui dovresti raggiungere per raggiungere gli obiettivi della tua vita.

- Alla fine, quando hai il tuo arrangiamento, inizi a sgretolarlo per raggiungere questi obiettivi.

Per questo motivo iniziamo il modo più comune di definire gli obiettivi controllando gli obiettivi della tua vita. Quindi, a quel punto, lavoriamo fino alle cose che puoi fare, espresso, nei prossimi cinque anni, poi tra un anno, tra un mese, tra una settimana e oggi, per iniziare a muoverti verso di loro.

Fase 1: definizione degli obiettivi di vita

La fase più importante nel proporre obiettivi privati è considerare ciò che devi realizzare nel corso della tua vita (o se non altro, entro un'età enorme e lontana da ora in poi). Stabilire gli obiettivi della vita ti dà il punto di vista generale che dà forma a tutte le parti rimanenti della tua direzione indipendente.

Per fornire un'inclusione ampia e adattata di aree terribilmente significative nella tua esistenza quotidiana, prova a definire gli obiettivi in una parte delle classi di accompagnamento (o in altre classificazioni della tua, dove questi significano molto per te):

- **Vocazione**- A che livello vorresti arrivare nella tua professione, o cosa devi realizzare?

- **Monetario**- Quale importo vorresti procurare, entro quale fase? Come si collega questo con i tuoi obiettivi vocazionali?

- **Addestramento**- Ci sono informazioni che devi proteggere in modo specifico? Quali dati e abilità vorrai avere per raggiungere diversi obiettivi?

- **Famiglia**- Ti piacerebbe essere un genitore? Ammesso che questo sia vero, come puoi diventare un genitore decente? Come vorresti essere visto da un complice o da persone della tua famiglia più lontana?

- **Creativo**- Ti piacerebbe raggiungere obiettivi fantasiosi?

- **Disposizione**- C'è qualcosa di importante per le

tue prospettive che ti tiene giù? C'è qualcosa di quello che reciti che ti disturba? (A condizione che ciò sia vero, stabilisci un obiettivo per lavorare sul tuo modo di comportarti o rintracciare una risposta per il problema.)

- **Fisico**- Ci sono degli obiettivi atletici che devi raggiungere o hai bisogno di un grande benessere profondo in età avanzata? Quali passi diresti che farai per raggiungere questo obiettivo?

- **La gioia**- Come vorresti viverlo? (Dovresti garantire che una parte della tua vita sia per te!)

- **Aiuto pubblico-** Ti piacerebbe rendere il mondo un posto superiore? Ammesso che questo sia vero, come? Passa un po' di tempobrainstormingqueste cose, quindi seleziona uno o più obiettivi in ogni categoria che meglio riflettono ciò che vuoi fare. Quindi considera di nuovo il taglio in modo da avere un piccolo numero di obiettivi davvero significativi su cui concentrarti.

Mentre lo fai, assicurati che gli obiettivi che ti sei prefissato siano quelli che desideri veramente raggiungere, non quelli che potrebbero desiderare i tuoi genitori, la tua famiglia o i tuoi datori di lavoro. (Se hai un partner, probabilmente vorrai considerare ciò che lui o lei vuole, tuttavia, assicurati di rimanere fedele anche a te stesso!)

Passaggio 2: impostazione di obiettivi più piccoli

Dopo aver stabilito i tuoi obiettivi di vita, stabilisci un piano quinquennale di obiettivi più piccoli che devi completare se vuoi raggiungere il tuo piano di vita.

Quindi crea un piano di un anno, un piano di sei mesi e un piano di un mese di obiettivi progressivamente più piccoli che dovresti raggiungere per raggiungere gli obiettivi della tua vita. Ognuno di questi dovrebbe essere basato sul piano precedente.

Quindi crea un quotidianoLista di cose da faredelle cose che dovresti fare oggi per raggiungere gli obiettivi della tua vita.

In una fase iniziale, i tuoi obiettivi minori potrebbero essere leggere libri e raccogliere informazioni sul raggiungimento dei tuoi obiettivi di livello superiore. Questo ti aiuterà a migliorare la qualità e il realismo della definizione degli obiettivi.

Infine, rivedi i tuoi piani e assicurati che si adattino al

modo in cui vuoi vivere la tua vita.

Rimanere in rotta

Una volta che hai deciso il tuo primo set di obiettivi, continua il processo rivedendo e aggiornando la tua lista di cose da fare su base giornaliera.

Rivedi periodicamente i piani a lungo termine e modificali per riflettere le tue mutevoli priorità ed esperienza. (Un buon modo per farlo è programmare revisioni regolari e ripetute utilizzando un diario basato su computer.)

Obiettivi INTELLIGENTI

Un modo utile per rendere gli obiettivi più potenti è usare ilINTELIGENTEmnemonico. Sebbene ci siano molte varianti (alcune delle quali abbiamo incluso tra parentesi), SMART di solito sta per:

- **S**- Specifico (o Significativo).
- **M**- Misurabile (o Significativo).
- **UN**- Raggiungibile (o orientato all'azione).
- **R**- Rilevante (o gratificante).
- **T**- Limitato nel tempo (o in grado di tracciare).

Ulteriori suggerimenti per impostare i tuoi obiettivi

Le seguenti linee guida generali ti aiuteranno a stabilire obiettivi efficaci e raggiungibili:

- **Indica ogni obiettivo come una dichiarazione positiva -** Esprimi i tuoi obiettivi in modo positivo: "Esegui bene questa tecnica" è un obiettivo molto migliore di "Non commettere questo stupido errore".
- **Sii preciso** -Stabilisci obiettivi precisi, inserendo date, orari e importi in modo da poter misurare i risultati. Se lo fai, saprai esattamente quando avrai raggiunto l'obiettivo e potrai trarre

completa soddisfazione dall'averlo raggiunto.

- **Stabilisci le priorità** - Quando hai diversi obiettivi, dai a ciascuno una priorità. Questo ti aiuta a evitare di sentirti sopraffatto dall'avere troppi obiettivi e ti aiuta a dirigere la tua attenzione su quelli più importanti.

- **Scrivi gli obiettivi** -Questo li cristallizza e dà loro più forza.

- **Mantieni piccoli gli obiettivi operativi** – Mantieni gli obiettivi di basso livello su cui stai lavorando piccoli e realizzabili. Se un obiettivo è troppo grande, può sembrare che tu non stia facendo progressi verso di esso. Mantenere obiettivi piccoli e incrementali offre maggiori opportunità di ricompensa.

- **Stabilisci obiettivi di prestazione, non obiettivi di risultato**– Dovresti aver cura di fissare obiettivi su cui hai il maggior controllo possibile. Può essere abbastanza scoraggiante non riuscire a raggiungere un obiettivo personale per motivi al di fuori del tuo controllo! Negli affari, questi motivi potrebbero essere cattivi ambienti aziendali o effetti imprevisti della politica del governo. Nello sport, potrebbero includere scarsa valutazione, maltempo, infortuni o semplicemente sfortuna. Se basi i tuoi obiettivi sulle prestazioni personali, puoi mantenere il controllo sul raggiungimento dei tuoi obiettivi e trarne soddisfazione.

- **Stabilisci obiettivi realistici** –È importante fissare obiettivi che puoi raggiungere. Tutti i tipi di persone (ad esempio, datori di lavoro, genitori, media o società) possono fissare obiettivi irrealistici per te. Lo faranno spesso ignorando i tuoi desideri e le tue ambizioni. È anche possibile fissare obiettivi troppo difficili perché potresti non apprezzare gli ostacoli sulla strada o capire quanta abilità devi sviluppare per raggiungere un particolare livello di prestazioni.

Raggiungimento degli obiettivi

Quando hai raggiunto un obiettivo, prenditi il tempo per goderti la soddisfazione di averlo fatto. Assorbi le implicazioni del raggiungimento dell'obiettivo e osserva i progressi che hai fatto verso altri obiettivi.

Se l'obiettivo era significativo, ricompensati adeguatamente. Tutto ciò ti aiuta a costruire la fiducia in te stesso che meriti.

Con l'esperienza di aver raggiunto questo obiettivo, controlla il resto dei tuoi piani obiettivo:

- Supponendo che tu abbia raggiunto l'obiettivotroppo efficace, rendi più difficile il tuo prossimo obiettivo.

- Nella remota possibilità che l'obiettivo abbia richiesto un investimento per essere raggiunto, rendi il seguente obiettivo un po 'più semplice.

- Supponendo che tu abbia imparato qualcosa che ti porterebbe a cambiare obiettivi diversi, fai come tale.

- Nella remota possibilità che tu abbia visto una carenza nelle tue capacità nonostante il raggiungimento dell'obiettivo, scegli se stabilire obiettivi per risolvere questo problema.

Alimenta le illustrazioni che hai imparato ancora una volta nel modo più comune di proporre i tuoi prossimi obiettivi. Ricorda anche che i tuoi obiettivi cambieranno nel lungo periodo. Modificali in modo coerente per riflettere lo sviluppo della tua intuizione ed esperienza e, nel caso in cui gli obiettivi non abbiano più fascino, considera di lasciarli andare.

Modello di obiettivi individuali

Per il suo nuovo obiettivo, Susan ha scelto di riflettere su come ha veramente bisogno di gestire la sua vita.

I suoi obiettivi di vita sono i seguenti:

- Professione - "Sovrintendere al correttore di bozze della rivista per cui lavoro".

- Creativo - "Continuare a gestire le mie capacità di rappresentazione. Finalmente ho bisogno di avere il mio spettacolo nel nostro display di Midtown".

- Fisico - "Correre una gara di lunga distanza".

Dal momento che Susan ha registrato i suoi obiettivi di vita, li separa in obiettivi più modesti e più ragionevoli.

Dovremmo indagare su come potrebbe separare l'obiettivo professionale della sua vita - diventare supervisore correttore di bozze della sua rivista:

- Obiettivo quinquennale: "Diventare delegato manager".

- Obiettivo di un anno: "Fai volontariato per i progetti che l'attuale Revisore di bozze sta portando avanti".

- Obiettivo semestrale: "Tornare a scuola e completare la mia laurea in reportistica".

- Obiettivo di un mese: "Conversa con l'attuale responsabile della supervisione per capire quali capacità ci si aspetta per portare a termine il lavoro".

- Obiettivo di una settimana: "Prenota l'incontro con il responsabile della supervisione".

Con l'esperienza di aver raggiunto questo obiettivo, rivedi il resto dei tuoi obiettivi:

- Se hai raggiunto l'obiettivo troppo davvero,

rendi più difficile il tuo prossimo obiettivo.

- Nel caso in cui l'obiettivo prevedesse il raggiungimento di una speculazione, rendere l'obiettivo di accompagnamento in una certa misura più diretto.

- Accettando di aver imparato qualcosa che ti porterebbe a cambiare vari obiettivi, agisci di conseguenza.

- Se hai visto una carenza nelle tue capacità indipendentemente dal raggiungimento dell'obiettivo, scegli se caratterizzare gli obiettivi per risolvere questo problema.

Ancora una volta alimenta le delineazioni che hai imparato nella tecnica associata alla caratterizzazione dei tuoi prossimi obiettivi. Ricorda anche che i tuoi obiettivi cambieranno a lungo termine. Trasformali regolarmente per riflettere l'avanzamento della tua conoscenza ed esperienza e, se gli obiettivi non hanno più interesse, considera di lasciarli andare.

Modello di obiettivi individuali

Per il suo nuovo obiettivo, Susan ha deciso di esaminare come ha veramente bisogno di affrontare la sua vita.

I suoi obiettivi di vita sono secondo l'accompagnamento:

- Calling - "Per supervisionare l'editore della rivista per cui lavoro".

- Innovativo - "Continuare a gestire le mie capacità di diagrammi. Finalmente voglio davvero avere il mio spettacolo nel nostro spettacolo di Midtown."

- Fisico - "Correre una gara di distanza significativa".

Dal momento che Susan ha registrato i suoi obiettivi di vita, li isola poi ciascuno in ulteriori obiettivi umili e più sensati.

Dovremmo esaminare come potrebbe isolare l'obiettivo di sostentamento della sua vita - diventare il capo della sua rivista:

- Obiettivo quinquennale: "Diventa vicedirettore".

- Obiettivo di un anno: "Fai volontariato per i progetti che l'attuale Supervising Editor sta portando avanti".

- Obiettivo semestrale: "Tornare a scuola e finire la mia laurea in dettaglio".

- Obiettivo di un mese: "Parla con l'attuale caporedattore per risolvere il problemaquali capacità sono generalmente previste per completare il lavoro."

- Obiettivo di una settimana: "Prenota l'appuntamento con il Regulating Editor".

capitolo 4 Collaborazione e Amministrazione

Due parti significative della raccolta della corrispondenza, in particolare nel clima aziendale, sono la collaborazione e l'autorità. Lavorerai in un gruppo e alla fine potresti essere contattato per guidare. Potresti presentarti a quel lavoro quando il gruppo percepisce la tua particolare gamma di abilità corrispondente all'impresa, oppure potresti essere designato in un luogo di responsabilità nei tuoi confronti e in quelli di altre persone. Le tue capacità relazionali saranno la tua base per il progresso come parte e come pioniere. Sintonizzati e cerca di comprendere sia l'impresa che la tua raccolta di persone mentre ti impegni con il nuovo sforzo. Credi sinceramente in te stesso e motiva la fiducia degli altri. Renditi conto che guidare e seguire sono entrambe parti fondamentali di una cooperazione di successo.

Cooperazione

Collaborazione è una parola composta, che consolida gruppo e lavoro. I gruppi sono un tipo di incontro regolarmente dedicato alla creazione o al pensiero critico. Questo ci lascia con il lavoro. È qui che il nostro modello passato sul pensiero critico può funzionare bene per noi. Ogni individuo del gruppo ha abilità, doni, intuizione e istruzione. Ciascuno dovrebbe contribuire. Il lavoro è l'azione e, tenendo presente che potrebbe benissimo essere divertente o coinvolgente, richiede anche impegno e responsabilità, poiché esiste un calendario per la creazione con responsabilità individuali e di raccolta. Ogni parte dovrebbe soddisfare i propri impegni affinché il gruppo abbia successo e il gruppo, simile a una catena, è essenzialmente un'area di forza in quanto parte più vulnerabile. In questa impostazione non valutiamo la forza o il difetto al centro ricreativo,

I gruppi possono spesso raggiungere livelli di esecuzione più significativi rispetto alle persone a causa delle energie e dei doni uniti degli individui. Lo sforzo coordinato può fornire ispirazione e immaginazione che potrebbero non essere disponibili nei progetti di lavoro singolo. Allo stesso modo, le persone hanno la sensazione di avere un posto con l'incontro e la portata delle prospettive e la varietà possono potenziare l'interazione, aiutando ad affrontare blocchi e impasse innovativi. Includendo individui del gruppo nella navigazione e raggiungendo l'area di impegno di ogni parte, i gruppi possono ottenere risultati positivi.

La cooperazione non è priva di difficoltà. Il lavoro effettivo potrebbe dimostrare un test mentre le persone mescolano compiti contendenti e responsabilità individuali. Allo stesso modo, il lavoro può essere compromesso supponendo che i colleghi debbano adeguarsi e costretti a obbligare una tecnica, un piano o un oggetto che non hanno creato personalmente. Anche l'obbedienza insensata, o la propensione a riconoscere i pensieri e le attività del gruppo nonostante le preoccupazioni individuali, può pensarci due volte sul processo e diminuire la competenza. I caratteri e la rivalità possono avere un ruolo nell'incapacità di creare di un gruppo.

Possiamo percepire che le persone hanno bisogno di avere un posto in un gruppo fruttuoso e celebrare la crescita graduale può concentrarsi sul compito e sui suoi obiettivi. Gli individui saranno maggiormente in grado di offrire punti di vista e supposizioni e portare a termine le attività quando vedranno di essere una parte significativa del gruppo. Trascurando di incorporare tutti i colleghi, le esperienze importanti potrebbero essere perse nella fretta del giudizio o della creazione. Mettere da parte qualche minuto per organizzare e dedicare ogni parte del tempo allo studio, alla riflessione e al contributo può consentire loro di acquisire pezzi significativi di conoscenza l'uno dall'altro e può renderli obbligati a fornire dati che scuotono la barca. Il pensiero capriccioso o "estraneo intrigante" potrebbe dimostrarsi intelligente e sfidare il ciclo in modo positivo, lavorando sullo sviluppo del gruppo.

John Thill e Courtland bovee thill, J.., e Bovee, CL (2002). Fondamenti di corrispondenza commerciale. Upper Seat Stream, New Jersey: Prentice Lobby. Fornisci una carrellata significativa da considerare durante la creazione di un gruppo, che abbiamo adattato qui per la nostra conversazione:

- Seleziona attentamente i colleghi
- Seleziona unpioniere consapevole
- Collaborazione anticipata
- Spiega gli obiettivi
- Ispira responsabilità
- Spiega le responsabilità
- Ingrain breve attività
- Applicare l'innovazione
- Garantire somiglianza meccanica

- Fornisci un breve input

Le vibrazioni collettive includono la cooperazione ei cicli di un gruppo e influenzano quanto le persone sentono parte dell'obiettivo e della missione. Un gruppo con grandi aree di forza per un può finire per essere un potere forte, tuttavia richiede investimenti e responsabilità. Un gruppo che applica un eccesso di comando sui singoli individui può correre la scommessa o diminuire le comunicazioni innovative e stimolare l'attenzione esclusiva. Un gruppo che applica troppo poco controllo, con attenzione riguardo al ciclo e alle aree di obbligo esplicito, potrebbe non essere utile. L'armonia tra ispirazione e consolazione, controllo e impatto, sta provando mentre i colleghi affrontano prospettive e modi diversi per affrontare il problema. Un talentuoso comunicatore aziendale crea un gruppo positivo scegliendo prima gli individui alla luce delle loro aree di capacità e abilità, tuttavia è parimenti giustificata la considerazione circa il loro stile di corrispondenza. Le persone che normalmente lavorano da sole o molto spesso sono indipendenti potrebbero aver bisogno di ulteriore consolazione per interessarsi. Le persone estroverse potrebbero essere esortate a prestare attenzione alle altre persone e non a dominare la discussione. La collaborazione include gruppi e lavoro, e le vibrazioni collettive assumono una parte essenziale nella loro capacità e creazione.

Amministrazione

Se ci sia un "pioniere caratteristico", portato nel mondo con un mix di doni e qualità che autorizzano un individuo a guidare gli altri, è stato oggetto di discussione nel tempo. In un ambiente all'avanguardia, siamo giunti a percepire che l'amministrazione ha molte strutture e rappresentazioni. Ogni volta che si pensava che qualcuno dotato di buon senso, intuito naturale e un carattere attrattivo fosse destinato all'autorità, l'esplorazione e l'esperienza attuali ce lo mostrano in ogni caso. Allo stesso modo in cui un cardiologo efficace ha una progressione di gamme di abilità, così fa un capo speciale. Un produttore televisivo deve sia indirizzare che dare spazio alla capacità di fare, compensando il controllo con la certezza e la fiducia. Questa attenzione ai diversi stili di autorità serve alla nostra conversazione poiché le riunioni e i gruppi hanno spesso pionieri,

I pionieri assumono il lavoro poiché sono designati, scelti o si presentano nel lavoro. Gli individui riuniti assumono una parte significativa in questo ciclo. Un pioniere delegato è incaricato da un potere di servire in quel limite, indipendentemente dalle considerazioni o dai desideri del raduno. Potrebbero agire come pionieri e portare a termine tutti gli impegni assegnati, ma se il gruppo non riconosce il loro lavoro di pionieri, può finire per essere una prova. Come Bruce tuckmantuckman, B. (1965). Disposizione formativa in piccoli incontri. Liberazione mentale, 63, 384-399. Note, la "furia" si verifica quando le persone che si riuniscono si conoscono e comunicano ancora più apertamente, e un pioniere delegato che manca il segno nella sottoscrizione della riunione potrebbe incontrare difficoltà al loro potere.

Un pioniere basato sulla popolarità viene scelto o scelto dal gruppo, tuttavia può anche incontrare serie difficoltà.

Supponendo che le singole persone che si riuniscono o le riunioni costituenti si sentano ignorate o trascurate, potrebbero affermare che il pioniere basato sul voto non affronta le loro inclinazioni. Il pioniere basato sul voto include il raduno nel ciclo dinamico, e salvaguarda la responsabilità del gruppo per fare scelte e attività di conseguenza. Le conversazioni aperte e libere sono illustrative di questa interazione e il pioniere basato sul voto riconosce questa varietà di valutazioni.

Un pioniere emanato differenzia i primi due modi per il lavoro sviluppandosi nel lavoro, spesso a causa di un bisogno legittimo. Il pioniere delegato potrebbe avere a malapena una visione approfondita dell'argomento o del contenuto e la raccolta di persone normalmente sposterà l'attenzione sulla parte più anziana con la maggiore esperienza per l'amministrazione.

Supponendo che il pioniere basato sul voto trascuri di unire il raduno, o non si rivolga all'intero raduno, potrebbero formarsi sottogruppi, ciascuno con un pioniere occasionale che funge da rappresentante.

Sorti di pionieri

Possiamo vedere tipi di pionieri nella vita reale e attingere alla normale esperienza per i modelli. Lo specialista del cuore non include tutti in modo equo, viene regolarmente nominato per il lavoro grazie a gradi ed esperienza acquisiti e sembra un sergente tattico più che un legislatore. Il pioniere dittatoriale è indipendente e spesso stabilisce standard e dirige il raduno. In alcuni contesti possiamo vedere che questo è molto favorevole, come una procedura medica a cuore aperto o durante un'attività tattica, tuttavia non ha importanza allo stesso modo di tutte le porte aperte di iniziativa.

A differenziare il dittatore è il pioniere della libera impresa, o "inclinazione alla tolleranza". In un ambiente esperto, ad esempio un college, gli insegnanti potrebbero ribollire all'idea che un pioniere dittatoriale li guidi. Svolgono la loro parte con il tempo, lo sforzo e l'esperienza e conoscono il loro lavoro. Un astuto pioniere della libera impresa percepisce questa parte del lavoro con esperti e può decidere di azzerare gli sforzi per fornire agli insegnanti i dispositivi di cui hanno bisogno per avere un risultato positivo. Immagina di essere nel lavoro di un capo della TV e di avere un sogno o un pensiero su come dovrebbe assomigliare il fruttuoso programma sperimentale. Il contenuto è impostato, l'illuminazione giusta e le telecamere sono nella giusta posizione. Potresti istruire le persone e dove stare, tuttavia ti ricordi che la tua responsabilità è di lavorare con il ciclo generale. Lavori con abilità e le persone innovative sono intriganti davanti alla telecamera. Se ti agiti costantemente con i tuoi intrattenitori, potrebbero comportarsi in modi che non sono fantasiosi e che non attireranno folle. Supponendo che li lasci impazzire attraverso ad lib, il programma potrebbe non funzionare positivamente in alcun modo. Adattare il requisito del controllo con il requisito dello spazio è la prova del pioniere della libera impresa.

Non tutti i pionieri sono despoti o pionieri della libera impresa. Thomas Harris e John sherblom harris, T., e

Sherblom, J.., e Sherblom, J. (1999). Piccoli assembramenti e corrispondenza di gruppo. Boston, mamma: Allyn e Bacon. Nota esplicitamente tre stili di autorità che descrivono l'attività o l'associazione all'avanguardia e rispecchiano la nostra economia avanzata. Non siamo pionieri concepiti, ma piuttosto possiamo diventarli assumendo che la circostanza o il clima unici richiedano la nostra gamma di capacità. Un lavoro di pioniere come esperto accade spesso quando abbiamo abilità che altri non hanno. Nella remota possibilità che tu possa riparare la fotocopiatrice sul posto di lavoro, la tua iniziativa e la tua capacità di rimetterla in funzione sono abilità apprezzate e ricercate. Potresti insegnare agli altri il metodo più efficace per impilare la carta o come cambiare il toner e, sorprendentemente, Tuttavia, il tuo grado di retribuzione potrebbe non rispecchiare questa posizione influente, su cui sei spostato dall'incontro come pioniere in quella specifica circostanza. Abilità specializzate, dall'innovazione Web al supporto degli uffici, possono incontrare minuti in cui il loro argomento specifico dovrebbe occuparsi di un problema. La loro amministrazione sarà popolare.

Il pioniere come guida include un lavoro focale di unire le persone per un obiettivo condiviso. Nella relazione normale, un regista guida una sinfonia e coordina le capacità specifiche e gli spunti delle diverse parti che l'insieme melodico contiene. Allo stesso modo, un pioniere che si comporta può impostare un sogno, fare parametri di riferimento e collaborare con un gruppo mentre decifra un contenuto prestabilito. Che si tratti di un meraviglioso sviluppo musicale o di un raduno di gruppi che si incontrano per affrontare una prova tipica, il pioniere come guida mantiene il tempo e il ritmo del raduno.

I mentori sono in molti casi esaminati nei libri di business come modelli di amministrazione per una buona spiegazione. Un pioniere come mentore si unisce a un gran numero di doni e abilità che abbiamo esaminato qui, fungendo da educatore, ispiratore e manager degli obiettivi del gruppo. Un mentore potrebbe essere dispotico in alcune occasioni, fornire una guida mirata senza input dall'assemblea e non essere coinvolto mentre i giocatori fanno ciò per cui sono stati preparati e giungono a conclusioni significative. Il mentore potrebbe prestare particolare attenzione all'incontro e salvaguardarlo da chiamate terribili, e potrebbe convincere i giocatori con dichiarazioni ispiratrici. Possiamo percepire una parte dei modi di comportarsi dei mentori, ma quali qualità esplicite influenzano l'incontro? Thomas Peters e Nancy Austin Peters, T., e Austin, N. (1985). Un entusiasmo per la grandezza: il contrasto all'iniziativa. New

York, NY: Casa irregolare. Distinguere cinque caratteristiche significative che producono risultati:

1. Orientamento e scolarizzazione

2. Cura e consolazione

3. Valutazione e revisione

4. Ascolto e regia

5. Stabilire l'accentuazione della raccolta

I mentori sono educatori, ispiratori e gestori degli obiettivi dell'incontro. Ci sono momenti in cui gli individui del gruppo non riescono a ricordare che non c'è un "io" nel "gruppo". In momenti così critici, deviare la considerazione e l'energia delle persone verso gli obiettivi generali del raduno. Dirigono il raduno con una sensazione di tempismo e ritmo e, a volte, si rilassano e consentono alle persone di mostrare i loro doni. Attraverso le loro capacità di ascolto e guida, arrivano a conoscere ogni parte come individui, tuttavia mantengono il centro del gruppo in modo che chiunque possa vedere di persona. Hanno impostato un modello. I mentori, in ogni caso, sono umani e per definizione sono in qualche modo imperfetti. Possono e tendono a preferire determinati giocatori rispetto ad altri e possono mostrare una condotta a margine non esattamente abile quando non sono d'accordo con l'arbitro, tuttavia lo stile di amministrazione merita la tua attenzione nel suo approccio multidisciplinare. I mentori utilizzano più di uno stile di iniziativa e si adattano alle circostanze e al clima specifici. Un talentuoso comunicatore aziendale percepirà che questo approccio ha i suoi vantaggi.

Capitolo 5 Ciclo di vita del progetto

Le imprese complesse che hanno una portata ampia, un patrimonio importante e un'importanza essenziale elevata richiederanno livelli più elevati di attività per le informazioni dei dirigenti.

L'impresa dell'organizzazione dei dirigenti (PMI) ha reso l'impresa il ciclo di vita del consiglio di amministrazione per aiutare. È un sistema per aiutare i supervisori a proiettare a gestire le loro imprese in modo semplice e reale.

Per i capi progetto, il ciclo di esistenza può portare più attaccamento al compito e garantire che tutti i colleghi, in particolare supponendo che ci siano vari uffici inclusi, siano in totale accordo e possano collaborare senza fatica.

In questa guida al ciclo di vita dell'impresa troverai,

- Qual è il ciclo di vita dell'impresa?
- Quali sono le cinque fasi dell'impresa ilciclo di vita dei dirigenti?

- Fase iniziale
- Fase di allestimento
- Fase di esecuzione
- Fase di osservazione e controllo
- Fase di chiusura
- Ogni tanto chiedevo chiarimenti su alcune cose

Qual è il ciclo di vita dell'impresa?

Il ciclo di vita dell'impresa incorpora i mezzi previsti per i capi progetto per affrontare efficacemente un compito dall'inizio alla fine.

Ci sono cinque fasi nel ciclo di vita dell'impresa. Ognuna di queste fasi di impresa affronta una raccolta di processi correlati che dovrebbero verificarsi per un'impresa fruttuosa.

Quali sono le cinque fasi del ciclo di vita dei dirigenti?

Fase iniziale

Il periodo di inizio del ciclo di vita dell'impresa comprende due cicli distinti: il contratto di lavoro e il registro dei partner. Questa fase consiste nel decidere la visione per il tuo compito, registrare ciò che desideri ottenere attraverso un caso aziendale e ottenere l'approvazione da un partner autorizzatore. Le parti vitali del contratto di lavoro includono:

- Caso aziendale
- Scopo del progetto
- Aspettative
- Obiettivi
- Beni richiesti
- Piano di realizzazione e calendario
- Citazione
- Pericoli e problemi
- Condizioni

Trovare l'opportunità di caratterizzare chiaramente i tuoi obiettivi e traguardi implicherà che l'impresa sarà più semplice da sgretolare.

Tutti in questione vorranno effettivamente parlare delle proprie idee o preoccupazioni e il piano di spesa e le spese possono essere concordati e chiusi a titolo definitivo. Avere questa fase iniziale è importante per il compito, ma per ciascuno dei gruppi chiamati a esprimere la propria opinione su ciò che è necessario per l'impresa.

Fase di allestimento

Durante la fase di organizzazione, è fondamentale che la cosa principale da fare sia inquadrare e caratterizzare la giustificazione alla base dell'impresa. Rispondendo alle domande di accompagnamento, puoi vedere chiaramente ciò che l'impresa deve realizzare.

1. Cosa diremmo precisamente che faremo?

2. Come diremmo che lo faremo accadere?

3. Quando diremmo che lo faremo accadere?

4. Come sapremo quando avremo finito?

Come caratteristica della fase di arrangiamento, dovresti lavorare con il gruppo per creare il quadro completo e rappresentare determinate imprese. Questo piano dovrebbe includere:

- Progetta il piano del consiglio di amministrazione
- Scopo del progetto
- Struttura di suddivisione del lavoro
- Piano patrimoniale

- Valutazione del piano di spesa

Ottenere l'arrangiamento, con l'inclusione dell'intero gruppo può esserlo

Fase di esecuzione

La fase esecutiva deve comprendere le parti fondamentali di accompagnamento:

- Avanzamento di gruppo
- Impegno del partner
- Affermazione di qualità
- Corrispondenze
- Cliente la scheda

Questa fase è dove si verifica l'incantesimo, dove viene erogata la stragrande maggioranza del piano di spesa e viene soddisfatta la maggior parte delle aspettative del compito. Prendi il tuo piano di impresa e lo metti in moto, sia che richieda settimane, mesi o addirittura anni.

Il Villanova College caratterizza l'obiettivo di questa fase come "supervisionare i gruppi con successo coordinando le ipotesi del corso degli eventi e arrivando a obiettivi di riferimento".

Durante questo periodo, la corrispondenza è significativa,

ci saranno momenti in cui il cliente o i partner avranno bisogno di aggiornamenti e rapporti sullo stato di avanzamento.

Avere una solida impresa nella struttura del consiglio di amministrazione salverà una grande quantità di emicranie per te e per il tuo gruppo. Sarà più semplice spuntare gli incarichi, vedere da dove dipendono i tempi di interruzione e le aspettative e darti la conoscenza del gruppo su ciò che effettivamente dovrebbe essere finito.

Con Adobe Workfront, puoi mantenere aggiornato l'intero

gruppo aziendale e rendere più semplice la risposta a clienti e partner.

Fase di verifica e controllo

Nel momento in cui nella fase di controllo e controllo dovresti assicurarti di poter fare attenzione all'avanzamento generale dell'impresa e alle prospettive individuali.

Dovrai continuamente rimanere vigile e tenerti aggiornato seguendo e annunciando con il gruppo, in modo da conoscere eventuali problemi previsti prima che impazziscano.

Vale anche la pena avere un'altra persona del gruppo imprenditoriale (o uno per ogni divisione) che funzioni come un altro regolatore di qualità o giornalista, possono aiutarti a monitorare tutto nel loro gruppo e avere incontri abituali per aggiornare su tutti i punti di vista, quindi tutti sono rimasti concentrati.

Fase di chiusura

L'ultimo periodo del ciclo di vita dell'impresa è la fase finale. È più che sostanzialmente contrassegnare l'impresa come finita e chiudere l'impresa. È fondamentale per chiudere ufficialmente l'impresa e garantire la chiusura o l'approvazione da parte del cliente, dei partner o del potenziale supporto del progetto.

Questo ciclo potrebbe includere:

- Trasmettere il compito
- Facilitare un raduno postumo
- Archiviazione atti progetto
- Lodare o riconoscere il risultato

- Sciogliere formalmente o consegnare il gruppo

L'importanza di quest'ultima fase del ciclo di vita dell'impresa non potrebbe essere più significativa, soprattutto perché altre associazioni stanno abbracciando il modello di lavoro di Hollywood, in cui piccoli gruppi si incontrano intorno a un compito specifico, quindi si sciolgono e si rifocalizzano per un'altra impresa. Ciò è significativo per le squadre di supervisione del progetto, in particolare quelle che includono specialisti o consulenti.

Ciclo di vita del progetto:
Quali sono le cinque fasi del ciclo di vita dell'impresa?

Le cinque fasi del ciclo di vita dell'impresa sono:

1. Avvio

2. Pianificazione

3. Esecuzione

4. Monitoraggio/controllo

5. Chiusura

Affrontando ciascuna di queste fasi in questo modo, i capi progetto possono effettivamente far avanzare la loro impresa dall'inizio alla fine.

Qual è il significato del ciclo di vita dell'impresa?

Il ciclo di vita del compito è stato creato dalla Venture Directors Foundation (PMI) ed è visto come il miglior sistema per trasmettere un'impresa fruttuosa. Le cinque fasi possono essere difficili, ma affrontando le fasi insieme, l'impresa vorrà effettivamente essere completata con successo.

Cos'è l'interazione iniziale del progetto?

Nel ciclo di vita dell'impresa, la fase iniziale ti offre la possibilità di annotare tutto ciò prima di andare dal partner/supporto/cliente con i dati. Include la sanzione dell'impegno e il registro dei partner.

www.ingramcontent.com/pod-product-compliance
Lightning Source LLC
La Vergne TN
LVHW010606160826
845677LV00013B/3275